운명의 문 앞에서

운명의 문 앞에서

Avant le grand silence

모리스 마테를링크 | 성귀수 옮김

arte

지금껏 어떻게 살아왔는가?

이제 무엇을 원하는가?

삶과 죽음을 바라보다

모리스 마테를링크의 삶과 문학

모리스 마테를링크^{Mauricoe Polydore-Marie-Bernard Maeterlinck, 1862~1949}는 벨기에 출신으로 유일하게 노벨문학상을 수상한 시인이자 극작가이며 수필가이다.

프랑스어로 글을 쓴 그가 우리나라에 알려진 것은 주로『파랑새 ^{L'Oiseau bleu}』라는 동화 같은 희곡 작품을 통해서이지만, 사실 그는 프랑스 상징주의 시인들로부터 영향을 받아『온실^{Serres chaudes}』(1889)이라는 시집을 발표하며 문학 활동을 시작한 시인이다. 그 후 연이어 발표한 수많은 희곡 작품이 무대 연출과 주제, 테크닉 면에서 당시로선 획기적인 발상들을 선보여, '벨기에의 셰익스피어'라는 별명을 얻을 정도로 뛰어난 극작가의 반열에 올랐다.

작품 활동 후기에는 희곡보다는 수필에 전념해, 마르쿠스 아우렐리우스(『명상록』의 저자)를 연상시키는 인생의 심오한 지혜를 시적인 문체에 담아 주옥같은 작품들을 내놓기도 했다.

벨기에 겐트에서 태어난 그는 예수회 학교의 엄격한 종교 교육과 운하를 둘러싼 신비로운 자연 풍광의 묘한 상충 속에서 감수성 예민한 어린 시절을 보냈다. 일찍이 문학에 뜻을 두었으나 부모의 강권에 못 이겨 법과대학을 다닌 뒤 한동안 변호사 생활을 하던 그에게 인생의 전기가 닥친 것은, 1886년 파리를 여행하던 중 상징주의 문학의 거장인 빌리에 드 릴라당과 스테판 말라르메를 만나면서부터였다.

오랜 세월 잠재되어 있던 문학적 재능은 그 후 『온실』이라는 우울하고도 감미로운 시집으로 싹을 틔웠고, 곧바로 『말렌 공주La Princesse Maleine』(1889)라는 희곡을 통해 화려한 꽃을 피우기에 이른다. 당대를 주름잡던 평론가 옥타브 미르보가 이 작품을 두고 《르 피가로》에 극찬에 가까운 평을 쓰자, 이를 계기로 단번에 프랑스 전체를 아우르는 명성이 마테를링크라는 이름을 에워싼 것이다.

부르주아적인 현실을 다룬 연극이 대세를 이루던 당시 풍토에서 신화나 전설의 오묘한 분위기 속에 영혼의 고통과 이상을 섬세하게 표현한 그의 극작품들은 가히 혁명적이라 할 만했다.

이후 수많은 걸작 희곡을 발표했는데, 그중에서도 특히 『펠레아스와 멜리장드 *Pelléas et Mélisande*』(1892)는 1902년 클로드 드뷔시가 오페라로 작곡함으로써 마테를링크라는 이름을 전 세계적으로 알리는 계기가 되었다.

마테를링크는 1895년 '아르센 뤼팽' 시리즈의 작가인 모리스 르블랑의 여동생이면서 당대 유명 배우이기도 한 조르제트 르블랑을 만나 운명적인 연인이 되는데, 이때부터 상징주의적 극작품보다는 모랄리스트적인 가치가 돋보이는 산문에 치중한다.

이미 뛰어난 희곡 작품들로 상당한 부와 명성을 얻었지만, 그는 이에 아랑곳하지 않고 늘 일개 촌부임을 자처하면서 고독과 은둔을 지향하는 삶의 태도를 견지했다. 이후 말년에 이르기까지 이어진 산문 작업에는 그의 이러한 태도가 여과 없이 반영되어, 자연과의 친화 속에서 인간과 삶의 근원적인 가치를 탐색하는 과정이 심화되었다.

명료하면서 시적인 묘미가 풍부한 그의 산문은 『지혜와 운명 *La Sagesse et la destinée*』(1898), 『꿀벌의 삶 *La Vie des abeilles*』(1901), 『꽃의 지혜 *L'Intelligence des fleurs*』(1907), 『죽음 *La Mort*』(1913), 『운명의 문 앞에서 *Avant le grand silence*』(1934) 등 이전과는 또 다른 의미의 걸작들로 결실을 맺기에 이른다.

그의 문학 세계에 대한 평가를 일별하는 의미에서, 1911년 노벨문학상 수여 당시 스웨덴 학술원 사무총장의 연설 중 일부를 살펴보자.

올해의 노벨문학상을 모리스 마테를링크 씨에게 수여하면서, 스웨덴 학술원은 먼저 통상적인 문학 형태와는 너무도 다른, 그만의 독창적이고 참신한 작가적 재능에 특히 주목했음을 밝힌다. 그가 지닌 재능의 이상주의적인 특성은 실로 보기 드문 영적인 경지를 드러내고 있으며, 여기서 우러나는 신비스런 힘은 우리 내면의 비밀스러운 심금에 더없이 섬세한 울림을 준다. 아직 쉰 살이 채 되지 않은 이 비범한 인물은 자기만의 고유한 목소리를 고집하며, 신비스럽고 심오할 뿐 아니라 대중적인 호소력까지 갖춘 경이로운 작가임에 틀림없다.

여기서 '영적인 경지', '신비스런 힘', '심오함' 등의 평가는 마테를링크의 대표적인 희곡들은 물론 후기 작품이라 할 수 있는 산문들을 보아도 결코 과장된 수사가 아님을 알 수 있다.

그는 무엇보다도 눈에 보이는 현실을 초월해 존재하는 진실에 대한 신념을 품고 있었다. 오감으로 느낄 수 있는 현상들 너머에

또 다른 본질이 있다는 믿음이야말로 신비를 구성하는 주요 요건
이다. 그런 믿음은 세계를 있는 그대로의 상태보다 훨씬 더 깊이
있게 들여다보게 해준다. 심오함이란 여기 이곳과 동떨어져 존재
하는 어느 별천지가 아니라 지금 이렇게 우리가 살아가고 있는
세계의 깊이 그 자체에 대한 이야기임을 깨닫게 한다.

마테를링크는 굳이 상상력의 산물이 아니더라도 시간과 공간
에 속한 모든 존재는 '꿈으로 짜인 일종의 베일'을 걸치고 있다고
말한다. 그의 작품들은 그 베일 너머에 존재의 진실이 감춰져 있
음을 암시하는 가운데, 언젠가 베일이 걷히는 날 우리의 참모습
과 하나 되리라는 희망을 갖게 해준다.

마테를링크의 깊은 사유로 길어올린 산문들

마테를링크의 산문들은 자연에 대한 진지한 관심과 인생에 대한
신비주의적 시각이 절묘하게 어우러진 경지를 보여준다. 특정 사
상이나 종교, 학설에 의존하지 않으면서 오로지 직관의 언어를
통해 영혼의 불멸성, 삶과 죽음의 문제, 그로부터 얻을 수 있는 지
혜의 가치를 풀어낸다는 점에서 그의 산문은 파스칼을 연상시킨
다. 평론가들은 또한 마테를링크의 산문 한편한편이 곧 시와 다
를 바 없다는 말로 그 문학적 감수성과 통찰의 매력을 요약해왔

다. 그에게 언어란 분명 시적인 언어를 의미했다. '감춰진 사물의 비밀(res occultae)'을 찾고자 평생을 바친 그는 자신이 구사하는 시적 언어를, 보이는 세계에서 보이지 않는 세계로 의식을 이끄는 유력한 경로로 삼았다. 체계적인 논리를 초극한 직관적 깨달음을 담아냈기에, 그는 한 편의 글에서도 모순된 언술을 피하지 않기로 유명했다. 그런 점에 대한 평단의 지적을 두고, 그는 모순되는 이야기를 할 때마다 오히려 "새로운 나의 얼굴"을 확인할 수 있어 행복하다고 말하기도 했다. 중요한 것은 현상의 이면과 존재의 내면에 대한 성찰이지 논리의 구축이나 체계화된 교설이 아니라고 보았기에 할 수 있는 말이다.

이번에 소개하는 마테를링크의 대표적인 산문 작품들을 통해 장황하지 않은 문맥의 흐름에 잠시나마 고단한 영혼을 기댈 수 있다면, 때로는 묵직한 두드림으로 때로는 은은한 암시로 삶의 발견을 건네는 마테를링크의 지혜에 어느새 마음을 열게 될 것이다.

죽음이라는 운명에 대하여

'죽음'은 마테를링크의 문학적 여정을 일관되게 관통하는 가장 중요한 주제다. 죽음에 대한 우리의 두려움은 첫째로 죽음에 대한 무지와 둘째로 죽음의 현상에 대한 거부감, 예컨대 장례식 광

경이라든지 죽어가는 환자의 모습에서 느끼는 불쾌감에 기인하기 마련이다.

죽음에 대한 무지에서 벗어나기 위해서는 무엇보다 죽음은 삶과 긴밀히 연결되어 있다는 사실부터 인정해야 한다. 죽음의 의미 공간은 결국 삶의 내면, 우리의 의식 속에 자리하며, 그런 뜻에서 죽음은 어쩌면 지금 이 삶보다 더 내밀한 삶일 수 있다는 인식 말이다. 그것은 단순히 죽음을 가정하고 막연한 두려움에 떨 것이 아니라, '죽음과 공존하는 생존'의 의미를 끊임없이 성찰함으로써 도달할 수 있는 삶의 역설적인 깨달음이다.

『운명의 문 앞에서』는 신과 영혼의 존재, 대자연에 대한 사랑, 불멸과 영원, 무한을 추구하는 인간의 본성과 같은, 죽음을 둘러싼 거대 담론들을 질의응답 형식으로 간결하게 정리했다는 점에서 의미 있는 책이다.

2017년 봄, 성귀수

차례

마르쿠스 아우렐리우스의 장례식장에서 로마 시민들은 이렇게 말했습니다. "이분을 애도하지 맙시다. 이분을 칭송합시다!" 우리 역시 소중한 이들의 죽음을 두고 그렇게 말해야 할 것입니다. 우리가 마음 깊이 사랑한 존재는 누구나 죽어서 신이 되는 법이니까요.

삶의 마지막 남은 시기가 조금이라도 천천히 흘러가도록 권태를 연습해봅니다. 하지만 그것은 젊은 시절이나 성숙한 시기보다 훨씬 빨리 지나가버립니다. 권태마저도 뒤늦게 챙기려 하다 보면 친해지기가 참 어렵습니다.

우리는 누구나 여러 번 죽음을 경험한 뒤에야 진정한 죽음의 길
로 들어섭니다. 중요한 것은 얼마나 더 많은 경험을 하느냐가 아
니라, 얼마나 더 진지하고 훌륭한 경험을 하느냐입니다.

삶을 마감한다는 것이 그렇게 큰 불행일까?

_베르길리우스, 『아이네이스』

만약 우리의 머리로 상상할 수 있는 존재가 신이라면, 아마 엄숙한 표정을 한 일종의 초인과 크게 다르지 않을 것입니다. 그렇다면 나는 차라리 기계적이고 수학적인, 자연의 맹목적인 힘을 더좋아할 것입니다. 그 편이 더 안심이 될 테니까요.

인간이 그토록 자랑스럽게 여기는 것, 인간이 가진 모든 것이라 할 수 있으며, 그것 없이는 영원 또한 죽음에 불과할 바로 그것, 인간의 의식이란 대체 무엇일까요? 혹시 우리 자신을 온 우주로부터 소외시키는 두뇌의 불투명한 막, 거기 붙은 종양이나 기생하는 병균이 아닐까요? 존재하는 모든 것의 본모습을 보지 못하게 만드는 우리의 못된 자질 말입니다.

인간이 찾으려 애쓰는 것, 언젠가는 찾아내고야 말 모든 것은 이미 우리와 더불어 존재하고 있습니다. 눈을 뜨고 보기만 하면 됩니다. 미래의 천재가 밝혀낼 놀라운 사실 역시 우리 안에 이미 웅크리고 있습니다.

현재 우리의 모습은 우리가 생각한 어떤 것의 결과입니다. 우리의 생각이 우리를 이렇게 만든 것입니다.

신. 그것은 우리 영혼이 피워낸 꽃입니다. 나 자신보다 더 '나'인 존재, 우리 자신의 정점. 신은 우리의 끊임없는 창조입니다. 시대에서 시대로, 세대에서 세대로, 하루가 다르게 매일 변화하는 존재입니다. 노년에 이르러 생각하는 신이 유년기나 청년 시절에 생각하던 신과 같다면, 그 사람은 이미 죽은 것과 다름없습니다. 신은 우리의 지성과 미덕, 힘을 먹고 자라납니다. 끊임없이 발전하면서 완벽을 향해 나아가는 존재이기 때문입니다. 그리하여 당신의 신은 바로 당신 자신입니다. 과거의 당신이었고, 지금의 당신이며, 무엇보다 미래에 당신이 되고자 희망하는 바로 그런 존재가 신입니다. 신과 마찬가지로 당신 주위의 모든 시간과 공간, 영원과 미지의 세계가 당신 것이 될 수 있습니다.

인간의 모든 불행은 그 자신의 어리석음에서 옵니다. 어리석은
생각은, 심지어 말이나 글로 표현되지 않더라도, 건전한 사고보다
훨씬 더 쉽게 퍼져나갑니다. 병의 감춰진 전염성이 겉으로 드러
나는 건강의 전염성보다 훨씬 더 강한 이치입니다.

그리하여 당신의 신은
바로 당신 자신입니다.

과거의 당신이었고, 지금의 당신이며,
무엇보다 미래에 당신이 되고자 희망하는
바로 그런 존재가 신입니다.

사람들이 선하다는 전제하에 법을 만든다면, 나쁜 사람은 득세하고 착한 사람은 망하고 말 것입니다. 반대로 사람들이 악하다는 전제하에 법을 만든다면, 정작 악한 사람은 요리조리 법망을 피해 다니고 선한 사람만 그 법을 충실히 따르며 고생할 것입니다.

자연이 베푸는 모든 것을 재생산하고 고갈시켰을 때에는 비로소
인간의 종말이 닥쳐야 정상일 것입니다. 하지만 안타깝게도 그
훨씬 이전에 자기 손으로 자신의 운명을 도탄에 빠트리는 것이
지금 인간의 모습입니다.

또 하나 어리석음의 징표가 있습니다. 우리가 모르는 것을 신이라 부르는 순간 우리는 설명할 수 없는 모든 것, 모든 수수께끼와 신비, 부조리함을 그대로 받아들입니다. 그런데 정확히 같은 것을 자연이라 부를 때, 신을 부르지 않는다고 우리를 타박하는 사람들에게 그 모두는 결코 받아들일 수 없는 것이 되고 맙니다.

행동하고 사고하기를 멈춰선 안 됩니다. 설사 우리의 능력 밖에 있다는 걸 충분히 알 때라도, 불가해한 그것을 언젠가는 이해할 수 있을 것처럼 노력해야 합니다.

저울이 하는 일은, 지구 중심에서 오는 어떤 에너지와 의지를 그에 대한 모든 천체의 영향력을 담아 세분하고 규격화하여 기록하는 것입니다. 설탕 1그램을 저울에 얹는 순간 우리는 무한의 협동 작업이 이루어지는 우주 전체를 얹어놓는 셈입니다.

우리가 벌이나 개미와 다르게 사는 이유가 그만큼 똑똑해서일까요? 개미나 벌은 우리가 도시를 만들기 훨씬 전부터 개미집과 벌집을 지어 살았다는 걸 기억해야 합니다.

나는 왜 살고 있을까요? 나 이전에 살았고, 나와 더불어 살고 있으며, 나 이후에도 살아갈 수많은 사람들과 함께 끝없이 이어지는 사슬의 무용한 고리 하나를 엮기를 위해서일까요? 수천 년을 관통하는 사색과 질문에도 불구하고, 이 땅덩어리 위에서 삶을 구가해온 인간은 만족스러운 답을 얻어내지 못했습니다.

영적인 차원에서만큼은 우리가 잃을 것이 없다고도 이야기합니다. 살면서 인류의 지성과 영성이 쏟는 엄청난 노력과 비장한 결실들은 어딘가에 고스란히 축적될 것이며, 그것을 후대가 길이길이 유용하게 길어 쓸 것이라고 하지요. 하지만 그 모든 노력과 결실에도 불구하고 세상은 점점 더 깊은 불확실성 속에 빠져들고 있습니다.

우리에게 필요한 것은, 세상의 불확실성과 태초부터 존속해온 이 자연, 우주 자체를 혼동하지 않는 것입니다. 모든 원인들의 원인으로서 존재하는 우주 자체는 불확실성을 탈피하여 모든 것을 알고 있음에 틀림없습니다. 반면 우리가 살아가는 이 세상은 고작해야 결과의 집합체에 불과하기에, 아는 것이 별로 없을 수밖에 없습니다. 세상을 일일이 가르치는 것이 우주의 의무는 아닙니다. 이미 우주로부터 필요한 모든 원소를 거저 공급받았기에, 세상은 스스로 배우고 깨쳐야 할 입장입니다.

분명한 것은, 우주적 차원에서만이 아니라 우리가 발붙이고 사는 이 세상에도 정체를 알 수 없는 영적인 힘이 어마어마하게 넘쳐 나며, 그만큼 활발하게 소비되어왔다는 사실입니다.

우리는 영원한 수인囚人입니다. 보통 우리가 사는 인생의 오 분의 사는 침실이나 사무실, 작업장, 식당 같은 공간 속에서 흘러갑니다. 작심하고 대단한 여행길에 올라도 비좁은 열차 칸이나 자동차, 여객선 객실에 틀어박히기 일쑤입니다. 도착지의 호텔이 아무리 웅장하고 근사한들 일상을 한정하는 또 다른 감옥에 불과합니다. 어쩌다 하늘을 벗 삼아 수 킬로미터를 걸어 여행한다고 가정해봅시다. 얼마 못 가 엄청난 피로와 고통이 모든 의욕을 압도하기 마련입니다. 문명이 인간을 더는 걸을 수 없는 존재로 만들고 말았습니다.

따지고 보면 인생의 특별한 목표나 우주의 귀착점을 찾는다는 생각 자체가 참으로 기이하고 가소롭습니다. 목표란 대체 무엇일까요? 우리는 어디로 가고자 하는 걸까요? 무엇이 우리를 만족시킬까요? 우리는 신이 되고 싶어 하는 걸까요? 하지만 신이 어떤 존재인지조차 모르고 있지 않나요? 우리는 대체 무엇이 불만일까요? 우리 스스로 어디로 가고 있는지도 모르지 않나요? 혹자는 사후 세계에 다녀왔다고도 하는데, 직접 확인해보았을까요? 오로지 죽음의 어두운 왕국만이 이 모든 권태와 불만족, 부질없는 욕망에서 벗어나 영원을 구가할 유일한 장소가 아닐까요? 피할 수 없는 인간의 목적지 말입니다!

만약 당신이 죽지 않는다면 무엇을 하면서 영원을 버틸까요? 어디를 가고 싶을까요? 특별히 기대하는 무언가가 있을까요? 아마도 결코 행복하지 않을 것입니다. 기대할 무엇이 더 이상 없는 세상에서 과연 더 살고 싶을까요?

만약 당신이 한창 꽃다운 나이의 어느 한 순간을 택해 영원히 산다고 가정해봅시다. 그 불변의 영원한 순간은 우주적 차원에서 역시 그러할 것입니다. 고정된 상태의 우주란 결국 죽음보다 더한 죽음이 아닐까요? 아름다운 얼음 조각 속 불멸의 삶이란 우리에게서 모든 회한과 희망을 덜어줄 소멸보다 훨씬 못하지 않을까요?

영원을 감당할 유일한 상태로서의 소멸이란
사실 상상하기가 쉽지 않습니다.
하지만 개인의 의식이 활동을 멈추는 상태를 통해
우리는 그와 비슷한 경우를 목도합니다.
가령 우리가 죽음으로 그러한 상태에 이른다면
더 이상 불쾌한 일을 경험하지 않아도 될 것입니다.

비로소 해방된 내 몸의 원자들이야말로
무감각하고, 건강하며, 영원할 테니까요.
비록 그 전에 우리 몸과 마음의 일부를 이루고 있었지만,
죽음과 동시에 그 모든 기억과 흔적이
증발해버릴 테니까요.

불멸의 순수한 영혼으로 남고 싶은가요? 하지만 그것을 여전히 당신 자신이라 할 수 있을까요? 더는 당신 자신도 아니고, 당신을 알아볼 수도 없는 존재가 되어 있는데, 그런 존재에게 닥치는 일이 당신과 무슨 상관이 있을까요? 자기 자신에게 낯선 존재가 되기란 그리 어려운 일이 아닙니다.

신이란 어떤 존재인지, 순수한 영혼이란 무엇인지를 아는 것 역
시 마찬가지입니다. 신은 분명 존재할 개연성이 높습니다. 이 지
상에서 확인할 수 있는 물질, 에너지, 정신은 그 미지의 존재가 가
진 무수한 불가지^{不可知}의 속성들 중 그나마 우리에게 공개된 세 얼
굴일 뿐입니다. 우리가 아무리 그럴듯한 영적 존재를 상상해낸다
해도, 결국 하늘을 떠도는 어떤 기운을 다소 유치한 인간적 틀 속
에 욱여넣는 것에 불과합니다. 그렇지 않다면 절대 불가해한 추
상적 관념 속에서 길을 잃고 말 것입니다.

영겁의 세월, 별들 사이를 여행하는 우리네 영혼의 보이지 않는 비행을 따라가볼까요? 하지만 그 모든 것이 어차피 물질적 세계일진대, 우리 영혼이 거기서 무얼 할 수 있을까요? 설사 영계라는 것이 존재한다 해도, 그것을 지금 파악하는 것은 신을 파악하는 것만큼이나 불가능할 것입니다. 우리 두뇌는 아무리 생각해도 뛰어넘을 수 없는 한계가 있기 때문입니다.

우리는 몽유병자로 세상을 살아갑니다. 맹목적으로, 기계적으로, 표피적으로 하루하루 일과를 채워나갑니다. 눈감고도 해치울 일을 하든, 고도의 집중력을 요하는 일에 매달리든 마찬가지입니다. 그래서인지 우리는 어떤 생각에 한참 몰두하다 보면, 자기도 모르는 사이에 그보다 훨씬 중요한 다른 어떤 것이 있다는 막연한 느낌에 사로잡히곤 합니다.

머릿속 생각이란 툭하면 자동반사적 습관에 빠져 잠들어버립니다. 정신이 퍼뜩 깨어나 진정한 존재, 그 현실과의 접점을 되찾기 위해서는 뭔가 강하고 특별한 충격이 필요한 이유입니다. 불치병의 자각이라든가, 소중한 사람과의 이별, 끔찍한 재난에 맞닥뜨려 그간 안주해온 모든 환상이 한순간 무너져 내리는 경험. 평생 뒤집어쓰고 살아온 존재의 껍질을 느닷없이 찢어발겨 우리 자신의 본모습을 깨우쳐주는 충격 말입니다.

우리가 의식이라 부르는 것은, 아무리 갈고 다듬어 완벽의 경지를 넘보는 수준이라 해도 지극히 제한적으로 작동할 수밖에 없습니다. 삶의 소소한 궤적에서 크게 벗어나기가 어렵습니다. 과연 우리 인간이 완전히 이질적인 무엇을 상상할 수 있을까요? 상상한다는 것은 결국 기존의 이미지를 매개로 어떤 것을 머릿속에 떠올리는 일입니다. 지금 우리는 그럴 만한 이미지 자체가 존재하지 않는 세계를 이야기하고 있습니다.

삶은 왜 삶일까요?

솔직하게 말해볼까요. 삶은 왜 삶일까요? 그 밖에 다른 것이 없기 때문입니다. 죽음이 존재하지 않기에 삶입니다. 삶은 존재하고 죽음은 존재하지 않습니다. 무無 역시 마찬가지입니다. 죽음이 삶을 해치는 것이 아니라 삶이 죽음을 불가능하게, 상상할 수 없게 만듭니다. 삶은 죽음에게 형체도 숨을 곳도 허락하지 않습니다. 삶이 그 흐름을 바꾸면 죽음을 가져오는 것처럼 보입니다. 하지만 죽음이 무를 의미하는 한 그것을 구체적으로 대령하기란 불가능합니다. 가령 양의 목을 딸 때 우리는 피의 흐름을 바꿀 뿐 그 한 방울도 없애지 못합니다. 삶의 유일한 적은 삶 자신입니다. 다시 말해, 적이 있을 수 없다는 뜻입니다. 죽어가는 모든 것은 삶의 품에 안깁니다.

인간의 발견 능력에 과연 한계가 있을까요? 무궁무진한 우주만을 생각한다면 한계가 없을 것입니다. 반면 발견을 거듭하면서도 지구 종말 훨씬 이전에 자멸하고야 말 인간의 덧없는 속성을 고려한다면 그 한계는 분명할 것입니다. 어쨌든 인간은 이제 막 자신에게 눈뜨기 시작한 존재일 뿐입니다.

왜 영원을 상상의 낙원처럼 치장하고 싶어 할까요? 그나마 존재할 수 있다면, 영원한 무無 정도가 유일하게 납득할 만합니다. 더군다나 우리 입장에서는 의식을 잃거나 기억을 완전히 상실함으로써 최소한 겉으로 보기에 영원한 무가 존재하는 셈입니다. 거기까지가 우리가 요구할 수 있는 전부입니다. 우리가 육체를 껴입는 한, 저 에테르의 공간 가득 존재할 무궁한 행복이 우리의 것이 아님은 분명합니다.

육체는 램프와도 같습니다. 램프가 깨지거나 수명을 다하면 불꽃은 사라집니다. 불꽃은 어디로 가는 걸까요? 다른 무엇이 되는 걸까요? 우리는 알 수 없습니다. 다만 불꽃은 분명 거기 존재했었다는 것, 그 점이 의미심장합니다. 어쩌면 그 점이 영원의 의미일지도 모릅니다. 불꽃이든 영혼이든 우리가 확실히 말할 수 있는 것은 거기까지입니다.

생각이 빛이나 중력보다 더 빨라 백만 분의 일 초 만에 가장 먼 별에까지 도달한다는 말은 귀담아 듣지 마십시오. 현실은 이렇습니다. 우리의 생각은 아무 데도 가지 않고, 우리 머릿속을 벗어나지 못합니다. 그래서 별을 오가는 굉장한 여행도 그토록 간단한 것입니다. 우리가 별을 생각한다고 별에 가는 것이 아닙니다.

영원은 거대한 바다, 시간은 그 속을 누비는 파도입니다. 영원에
도 시작이 있다면 그 시작은 어떠했을까요? 아마 또 다른 영원으
로부터 시작할 수밖에 없었을 것입니다. 그 영원 또한 시작이 있
었을 테지요, 그렇게 끝없이, 속절없이.

우리는 신을 영원한 존재라 부릅니다. 그러나 모든 것이 신만큼이나 영원하다는 것, 그러지 않을 수 없다는 사실을 잊지 말아야 합니다. 언젠가 시작했으나 언제든 끝장날 수도 있는 게 대체 무어란 말입니까? 그 실체가 어디서 왔으며 어디로 가겠습니까? 정녕 소멸하는 것은 없기에 오직 형상 안에서 파괴가 일어날 뿐, 적어도 본질은 부서지진 않기에 일체가 불멸입니다. 죽음을 파괴나 무無와 혼동하지 말아야 합니다. 우리 모두는 신과 동시대인입니다. 그가 존재하는 만큼 우리도 생존합니다.

『파랑새』에서 틸틸은 단언합니다, "죽은 사람은 없다"고. 그렇습니다. 죽은 자는 없습니다. 죽은 자는 모두 살아 있고, 산 자는 모두 죽어 있으니까요. 영적으로 물질적으로, 산 자는 죽은 자 속에서 살아 있고 죽은 자는 산 자 속에서 살아 있는 것입니다. 그들 사이에 불과 며칠의 간격이 있을 뿐이며, 어느 쪽이든 영구적 파괴는 불가능합니다. '죽는다는 건 살기를 중단하는 것', '산다는 건 죽기를 중단하는 것'. 그 둘은 서로 완벽하게 대체할 수 있는 금언입니다.

우리가 불어 끈 촛불의 운명을 이해하기 시작하는 순간, 우리는
우리 자신의 정신과 영혼, 삶의 깨달음에 첫발을 내딛고 있을 것
입니다.

영혼이 육신을 벗어나 살아간다면, 시체가 된 몸에서 빠져나온 망자의 영혼은 어디로 갈까요? 가장 유서 깊고 존엄한 종교에서는 다음과 같이 주장합니다. 낙원으로 직행하기에는 조금 모자라고, 그렇다고 지옥에 던져지기에는 조금 아까운 영혼의 행선지란 다름 아닌 또 다른 육신입니다. 소위 환생이라고 하는 이런 여정이 당사자인 영혼에게 과연 기꺼운 일일까요? 그렇다면 지난 육신에서의 체류가 그만큼 흡족했어야 하지 않을까요? 하지만 실상은 허구한 날 한탄의 연속입니다. 그다지 기꺼운 경험이 아닐 텐데 누가 자꾸만 우리 영혼을 이 혐오스러운 감옥 속에 억지로 밀어 넣는 걸까요? 정신이란 물질의 영원한 희생물일까요? 인간이 지상에 발붙인 이래 끊임없이 문 두드려왔으나 단 한 번도 속 시원히 답해주지 않은 질문. 그 문이 열리지 않기를 바라는 것이 현명할지도 모릅니다. 만약 모든 앎이 허락된다면, 심심해서 죽어버리고도 남을 존재가 또한 인간이니.

누가 자꾸만 우리의 영혼을
이 혐오스러운 감옥 속에 억지로
밀어 넣는 걸까요?

불안을 환상으로 바꿔치기하려는 생각은 하지 말아야 합니다.

개와 인간의 우정 어린 관계는 아득한 선사시대부터 이어져온 숭고한 협약에 의거합니다. 진정한 종신 평화협정이라고나 할까요. 그런데 아뿔싸, 우리 인간은 그 사실을 너무도 자주 깜빡하고 맙니다. 반면 개는 결코 잊지 않습니다. 주인이 아무리 못나고, 더럽고, 부당하고, 잔인해도 신뢰와 애정을 거두지 않고 유일무이한 신이자 친구로 떠받듭니다. 설혹 주인의 명백한 부당함에 상처 입을지언정 착한 개의 서글픈 눈빛에선 터무니없는 배신에 대한 당혹감과 말없는 아쉬움밖에는 읽을 수가 없습니다. 만에 하나 그 유구한 협약이 깨지는 순간이 있다면, 그건 신이 모든 이성과 공평의 도를 짓밟고 일개 광인이나 구제 불능의 흉포한 주정꾼으로 전락해 가엾은 신봉자를 제 목숨 하나 지켜야만 할 처지로 내몰았을 때뿐일 것입니다.

많은 개를 사귀어봤지만 제 주인을 무는 개는 보지 못했습니다. 전혀 없다는 게 아니라 내가 보지 못했다는 것입니다. 아무리 상황이 험악하게 치달아도, 누구나 그 의미를 알아챌 만큼 간명하게 으르렁거림으로써 정신 나간 주인에게 조상 대대로 내려오는 협정을 존중하기를 상기시키는 것이 고작입니다. 아득한 역사의 심연으로부터 들려오는 듯한 그 엄숙한 경고음은 이기적인 인간의 경거망동에 제동을 걸기에 부족함이 없습니다.

일단 그렇게 주인과의 불화 내지 마찰이 지나고 나면, 개는 아무런 앙금 없이 자신의 일시적인 불손을 용서해주길 청합니다. 그러나 아무리 착하고 온순한 개도 그냥 넘기기 힘든 모욕이 하나 있습니다. 바로 방금 준 뼈다귀를 도로 빼앗는 행위입니다. 개들 세계의 윤리와 정의, 명예에 비추어볼 때 이는 일종의 신성모독이며 천벌을 부를 만한 죄악입니다. 우리 인간 세상에서 역시 보편적 윤리와 명예의 감정에 비추어보면 그와 견줄 만한 난폭한 행동이 있지 않을까요?

인간이 사랑이라 부르는 것은 결국 구제 불능의 이기주의가 분열 번식을 통해 잘게 새끼 치는 현상에 불과할지도 모릅니다. 유기적으로 그럴 필요가 있기 때문에 말입니다.

죽음 이후에 영혼은 어디로 갈까요? 있지도 않은 무의 세계로 떠날 리는 없고, 필경 몸으로 태어나기 전에 온 곳으로 되돌아가지 않을까요? 그런데 대체 어디서 왔을까요?

아니, 그보다는 온 곳도 갈 곳도 따로 없다는 것이 맞지 않을까요? 존재하는 모든 것이 그러하듯 영혼은 언제 어디에나 존재할 테니 말입니다. 적어도 우리 상상 속에서만 존재하는 것이 아니라면 말이지요.

영겁의 시간, 나 자신을 고스란히 유지하는 고통에 비할 고통이
또 있을까요? 우리에게 주어진 이 존재의 집을 고수하겠다는 욕
심에서 벗어나기만 한다면, 죽음의 고정관념 또한 무의미해지는
것이 아닐까요? 우린 그저 불멸하는 전체 속으로 돌아가면 그뿐
입니다.

사는 날부터 죽는 날까지 우리는 과연 우리 자신을 고수하며 살고 있을까요? 요람 속 젖먹이인 나와 관 속에 들어갈 일만 남은 늙은 나 사이에 어떤 공통점이 있긴 할까요? 일곱 살 어린이였던 나, 스무 살 청년이었던 나의 무엇이 일흔두 살인 지금 나의 안에 남아 있을까요? 그 시절의 어떤 감정, 어떤 생각이? 그때 내가 생각한 모든 것, 느낀 모든 것이 이제는 그저 덧없어 보이지 않습니까? 기껏해야 몇몇 추억만이 낯선 이의 그것처럼 아련할 뿐입니다. 사는 동안만 이미 수십 번, 수백 번 탈바꿈해온 나라는 존재가 불멸의 희망으로 지속을 꿈꾸다니, 망상도 지나치지 않은지요!

사는 날부터 죽는 날까지
우리는 과연 우리 자신을 고수하며
살고 있을까요?

영혼이 존재하지 않음을 증명하기란 어렵습니다. 그런데 영혼이
존재함을 증명하기란 그보다 더 어렵습니다. 언어의 문제입니다.
기독교적 의미의 영혼이라면, 존재하지 않는다고 말하기가 차라
리 쉬울 것입니다. 그러나 우리를 '살아 있게' 해주는 생명의 의미
라면, 그것이 존재함을 증명하는 것 자체가 무의미해집니다. 영혼
없이는 우리 존재 자체가 아예 없을 것이기 때문입니다.

영혼의 불멸을 규명하는 문제도 마찬가지입니다. 임의적이고 개인적인 의미여서 불가능하게 보일뿐더러 그저 아쉽기만 한 불멸이냐, 아니면 필연적이고 우주적인 차원이지만 우리 입장에서는 소원하기만 한 불멸이냐에 따라 모든 게 달라집니다. 명심해야 할 것은, 이런 모든 추론과 가정들의 임의성이며, 인간의 지성에 극히 미세한 빛줄기만 틈입해도 모든 것이 전복될 수 있고, 가장 명쾌했던 설명도 유치한 것으로 전락할 수 있다는 사실입니다.

시작도 끝도 없는 생명으로서의 불멸은 무^無보다 훨씬 덜 당혹스럽거니와 그만큼 이해하기가 쉽습니다. 전자와 후자의 중간은 없습니다. 우리는 둘 중 하나를 선택해야만 합니다.

제1원인이란 없습니다. '존재하지 않는' 시작이 '불가능한' 끝과
맞물리는 순환 원인이 존재할 뿐입니다.

오늘 알 수 없는 것의 일부는 내일 알려진 것이 된다는 점을 잊지
말아야 합니다.

모든 위대한 종교의 아버지뻘인 브라만교의 주요 경전 『사마베다』에는 이런 말이 있습니다. "지고의 존재는 그에 대해 완전히 무지함으로써만 알 수 있다." 우리는 그 이상 결코 나아가지 못할 것입니다. 인간의 사고와 발언이 개시된 바로 그 순간 근본적인 진리는 이미 표명되었기 때문입니다.

만약 인류가 몇 세기만 더 버텨낼 수 있다면, 낡은 신체 기관들을 재생시키거나 아예 새 것으로 교체하는 의학적 신기술을 손에 넣을 수 있을 것입니다. 결국 거의 무한정 삶을 연장할 수 있다는 얘기지요. 오늘이라도 당장 그런 기적이 가능하다면 과연 누가 열광하지 않겠습니까. 하지만 누구도 죽을 수 없는 상황이 막상 닥친다면, 편안히 죽을 수 있었던 옛날을 그리워하지 않을까요?

지나가는 것은 시간이 아니라 인간입니다. 시간 자체는 꿈쩍하지 않습니다. 공간과 영원이 그러하듯 시간은 움직이지 않습니다. 시간은 공간이고 영원입니다.

시간이란 하나의 허상일 뿐이라고 아무리 우리 입으로 떠들고, 자신을 설득하고, 열심히 믿어보아도 소용없습니다. 그 시간을 통해서만 우리가 존재한다는 사실을 우리는 너무나도 잘 알고 있습니다.

우리는 신이든 자연이든 고집스럽게 그 의지와 뜻, 계획을 알아
내고자 발버둥 칩니다. 우리 모두 자신도 모르는 사이에 '목적론
자'라는 얘기입니다. 우리는 제한된 존재이기에 만물이 어떤 목적
하나로 만들어져 작동한다고 생각하고 싶어 합니다. 그러나 존재
란 곧 무한입니다. 심지어 우주 속에는 무한뿐입니다. 존재에 목
적이란 없습니다. 목적은 곧 한계입니다. 존재와 무한의 유일한
법칙은 한계가 없다는 것, 한계가 있을 수 없다는 것입니다. 우리
가 아무리 문제를 붙들고 씨름해도 결국 아무것도 이해하지 못하
는 이유가 거기 있습니다.

지나가는 것은
시간이 아니라 인간입니다.
시간 자체는
꿈쩍하지 않습니다.

인도의 어느 현자가 말했습니다. "인간의 정신은 스스로 높이 올라가 영적으로 승화하려는 갈망 속에서만 신성하다." 나는 그런 갈망이 신성하다기보다는 매우 인간적이라고 생각합니다.

누군가 죽었다고 해서 죽은 사람이라고 말해서는 안 됩니다. 그
는 살아 있으나 우리 눈에 더 이상 보이지 않을 뿐이라고 말해야
합니다. 그것이 더 정당하고, 진실에 훨씬 더 가깝습니다. 실제로
죽은 사람이 있는 게 아니라 산 사람이 그 형체를 바꾸었을 뿐입
니다. 아무것도 끝나지 않았습니다. 아무것도 존재하기를 그치지
않을 것입니다.

사는 법을 배우기보다 죽는 법을 배우기가 더 쉽습니다. 죽는 법을 배우기란 죽음을 두려워하지 않는 법을 배우는 것입니다. 가끔은 죽는다는 사실의 행복에 대해 생각해봅니다. 세네카는 이렇게 말했습니다. "죽음의 공포에 시달리다 죽다니 얼마나 어리석은가!"

철없던 시절, 우리는 이렇게 말하곤 합니다. "이 들끓는 감정, 이 예민한 감각이 나를 들쑤시지만 않으면 사는 게 얼마나 편안하고 자유로울까!" 그런데 막상 감정이 가라앉고 감각이 무뎌지면, 거기에는 어떤 움직임도 흥분도 없습니다. 사고도 멈추고, 거대한 그림자가 벌써부터 존재의 모든 것을 덮습니다. 그제야 우리는 뒤늦게 깨닫게 됩니다. 우리의 뇌는 불균형과 불안정 속에서 정상으로 작동한다는 것을.

시작도 끝도 있을 수 없습니다. 시작 전에 무無가 존재할 수 있었다면 그것은 이미 무일 수 없었을 것이며, 필연적으로 그 자체가 시작이어야만 할 것입니다. 끝 역시 마찬가지입니다. 끝을 거론하면서 동시에 무를 거론할 수는 없습니다. 산 자의 끝은 죽은 자의 시작입니다. 그리고 죽은 자의 끝은, 시공간 속에서 우리가 더는 추적할 수 없는 또 다른 변모와 진화의 시작입니다.

9세기에 활동한 스콜라 철학의 선구자 요하네스 스코투스 에리우게나는 이렇게 말했습니다. "공중으로 잦아드는 소리처럼, 죽음은 모든 존재를 신에게 돌아가게 한다." 모든 위대한 종교의 최종 선언인 전체로의 회귀와 재흡수를 이보다 더 멋지게 담아내기는 어려울 것입니다. 그러나 정확한 이미지는 아닙니다. 존재는 신에게 '돌아갈' 수 없습니다. 신에게서 나오지 않았기 때문입니다.

태어나기 전에 우리라는 존재는 무의식적이고 비개성적인, 잡다하고 무질서한 요소들로 혼재해 있었습니다. 죽은 뒤에 우리라는 존재가 돌아갈 곳 역시 그와 똑같이 잡다한 요소들이 혼재한 곳입니다. 그러니 태어나는 것보다 죽는 것이 덜 두렵다고 주장할 만합니다. 최소한 삶을 걱정할 필요는 없을 테니까요.

우리는 우주만큼이나 영원불멸합니다. 우리 몸의 각 세포와 분자, 우리 정신의 각 흐름 또는 파동은 영구히 존재해왔으며 또 존재할 것입니다. 존재하지도 않는 무無에서 어떻게 생겨날 수 있을까요? 존재하지도 않을 무로 어떻게 돌아갈 수 있을까요? 만물은 항상 살아 있습니다. 죽은 듯 누워 있는 돌멩이 역시 지치지 않는 벌새와 마찬가지로, 우리 모두가 태양 속에 살아 있습니다. 태양이 있기 전에는 그 태양을 낳은 성운 속에, 성운이 있기 전에는 그보다 더 아득한 공간의 무궁함 속에 생생히 살아 있었습니다. 우리를 구성하는 물질이 기억을 갖고 있다면 온갖 별천지 이야기를 들려줄지도 모릅니다.

어떤 방식으로든 생존해온 것은 반드시 그 흔적을 남기기 마련입니다. 이를 드러내고 일깨워, 언젠가는 모두가 누릴 미지의 힘에 부응해 약동하게 해줄 독자적인 파형을 찾아내는 것이 관건입니다.

그렇습니다. 완전한 망각, 총체적인 말살이야말로 훨씬 더 이해할 수 없습니다. 만에 하나 그런 상태가 가능하려면 처음부터 이 우주가 존재하지도 않았을 것이며 앞으로도 존재할 수 없을 것입니다.

어떤 방식으로든 생존해온 것은
반드시 그 흔적을 남기기 마련입니다.

시각과 청각이 눈과 귀를 초월해 살아남는다는 얘기일까요? 대개 우리의 기억을 비물질적인 무언가로 생각하기 쉬운데 실상은 꼭 그렇지만은 않습니다. 더 이상 존재하지 않는 육체의 기억은 정자와 난자 속에, 그로부터 생겨나는 아이의 세포 속에, 그렇게 영구히 남아 있지 않은가요? 굳이 말하자면, 그것을 '물질적' 불멸이라 불러도 좋을 것입니다. 어떤 사태가 무한을 넘나든다고 해서 반드시 물질적 차원을 벗어난다고 생각해선 안 됩니다.

세포 하나하나에 그 삶을 보장하는 기억이 새겨져 있습니다.
지워지지 않을 시간의 흔적, 자국 같은 것들이.

영원한 불멸이든 사후의 또 다른 삶이든 현실에서는 직접적인 사례가 없기에 순전히 상상에 맡겨진 문제인데, 우리는 아무 조건도 불확실성도 없이 그저 행복하기만 한 영생을 꿈꾸어선 왜 안 될까요? 그런 꿈 자체가 허락되지 않는다면, 그야말로 터무니없이 허약한 두뇌가 아니겠습니까!

인간이 신을 찾듯이 세상 만물은 각자의 영혼을 구하고 있습니다. 모든 상황, 모든 장애를 넘어 열정적으로, 수학적으로 그것은 자기만의 중력의 중심점을 찾고 있습니다.

자연은 왜 우리에게 완전체를 허락하지 않았을까요? 자연이라 부르든 신이라 부르든 그건 중요하지 않습니다. 정작 불가해한 것은, 그 무언가가 작동한 결과물인 인간은 왜 완벽하지 못한가입니다. 그것이야말로 어떤 철학도 종교도 만족스럽게 풀어내지 못하고 있는 엄청난 문제의 매듭입니다.

'비어 있음'이란 존재하는 것이 아닙니다. 그것은 한마디로 무無를 의미하는데, 무란 존재하지 않는 것, 표현 자체가 불가능한 무엇입니다. 공간은 비어 있어본 적이 없고, 앞으로도 그럴 것입니다. 무언가를 포함한 상태만이 공간입니다.

비어 있음, 무, 부재. 우리는 그렇게 언어의 위조지폐에 불과한 단어들을 남발하며 거짓 호사를 누립니다. 존재하지 않는 것을 표상하는 말들. 표상하는 것이 더는 아닌 말들이 의미로 충만한 말들, 삶과 실재의 무게로 묵직한 말들과 똑같은 대접을 받고 있습니다. 상상의 허깨비가 뒤엉켜 날뛰는 사고로 무엇을 할 수 있을까요?

내가 아버지와 어머니, 형제자매들, 그리고 이미 죽어버린 친구들을 생각할 때, 그들은 아직 살아 있을 때와 마찬가지로 생생하게 살아 있습니다. 그들이 온통 나를 둘러싸, 나는 직접 만져보지 않고도 그들의 존재를 실감합니다. 일말의 의심도 없습니다. 아직 살아 있는 것 이상으로 그들을 선명하게 느낍니다. 그들은 더 이상 변하지 않습니다. 사사로운 결점들도 모두 사라집니다. 어느 아름다운 나라에서 잠깐 돌아온 것처럼 화사하게 웃고 있습니다. 우리가 붙들면 아예 떠나지 않을 수도 있지만, 우리를 성가시게 할까 봐 걱정하는 듯합니다. 신기한 건 그 모두가 서로를 알아보지 못하는 것 같다는 점입니다. 그러니까 아마도 나에게만 살아 있는 모양입니다…….

누구나 어느 정도의 나이에 이르면, 먼저 떠나간 사람들과 자주 만나는 데 익숙해지기 마련입니다. 그들은 어쩌면 우리 삶의 가장 성실한 친구들일지도 모릅니다. 결국에는 우리가 의지할 수 있고, 그런 우리에게 무언가를 가르쳐줄 수 있는 유일한 존재들. 언제 어디서나 그들과 친숙하게 함께할 줄 알아야 합니다. 그들을 위해 기도만 하자는 게 아니라, 그들이 진정 우리와 더불어 현존하도록 살자는 얘기입니다. 우리와 함께하는 그들이 스스로 죽었음을 잊을 정도로.

우리보다 앞서 죽어간 사람들. 우리는 그들을 사랑하기보다는 망각 속으로 밀어내고 두려워하기에 바쁩니다. 우리가 함께하지 않기 때문에 그들은 망령이 되고 맙니다. 우리가 기도나 해주면 되는 존재로 취급할수록 그들의 존재는 위축될 수밖에 없습니다. 그런 상태로 기도를 열심히 한들, 우리를 위해 필요할 때만 그들을 불러내 되살려주는 것에 지나지 않습니다.

우리는 살아 있다는 것을 의식하며 살아가고 있을까요? 결코 그러지 못합니다. 그런 의식을 가지려면 스스로에게 자문이라도 해보거나 최소한 자기 몸을 더듬어보기라도 해야 할 것입니다. 그런데 살아 있음을 의식하지 못하면 그건 이미 죽은 것이나 다름없습니다.

우리는 살아 있다는 것을
의식하며 살아가고 있을까요?

우리 안에는 모든 세계의 모든 역사가 농축된 형태로 들어 있습니다. 그것을 살려내는 자야말로 삶과 죽음의 주인이 될 것입니다. 모든 것을 알고 있기에 더 이상 깨달을 것도 없을 것입니다. 있을 수 없는 꿈이라고 말하지 마십시오. 어쩌면 인간을 사로잡은 망상 중에서 가장 덜 터무니없는 꿈일지도 모릅니다.

살아 숨 쉬는 자가 간직한 모든 추억은 그와 더불어 살아 있습니다. 그것들은 결코 사라지지 않으며 파괴할 수도 없습니다. 그러나 그 추억들이 구성해온 나라는 존재 자체가 해체되어 우주 공간으로 흩어지면, 그때 그것들은 어디로 갈까요? 주거를 잃은 내 추억의 미립자들은 무엇이 될까요? 무한한 밤의 잔해로 떠돌까요?

죽어간 자들이 우리에게 무언가를 이야기할 때, 그 목소리를 통해 이야기하고 있는 존재는 우리의 가장 중요한 기억들입니다.

유년 시절을 벗어나는 바로 그 순간부터 우리의 영혼에선 죽음의
냄새가 납니다.

죽음이 없다면 삶이란 무엇일까요? 누가 그런 삶을 살 수 있을까요? 부조리한 죽음의 공포야말로 우리를 거들어, 사막 같은 노년의 그날까지 삶을 끌고 가도록 부축하는 게 아닐까요.

죽음을 연구하는 학자들은 말합니다. 존재를 구성하는 극미립자
가 빛인지 물질인지 현재로선 알 수 없다고 말입니다. 그것이 빛
이라면 왜 더는 물질로 남지 않을까요? 정확히 어느 순간부터 영
적인 것으로 화할까요?

죽음이 없다면 삶이란 무엇일까요?
누가 그런 삶을 살 수 있을까요?

태어나면서부터 우리는 각자의 죽음을 향해 길을 떠납니다. 죽음으로써 우리는 더 이상 각자의 몫이 아닌 영원의 세계로 입장합니다. 그 세계의 실체가 영적이든 물질적이든 달라질 것은 없습니다.

피타고라스학파의 철학자들은 시간이 동그라미와 같다고 생각했습니다. 이는 동그라미가 영원을 표상한다고 상상한 최초의 사례입니다. 그러나 시간도 영원도 한계가 없으니 형상을 취할 리 없습니다. 다만 인간이 더 이상 측정할 수 없는 단계에 이르러 측정 이전의 상태로 돌아가는 무엇이 있을 뿐입니다.

과학에서도 종교에서도 인간이 이룬 유일한 진보는 불가지론^{不可}_{知論}입니다. 불가지론은 인간을 어디로 데려갈 수 있을까요? 그 또한 우리는 알 수 없습니다.

시간은 우리의 혈관을 타고 흐릅니다. 우리의 심장박동은 밤낮으로 시간을 세고 있습니다. 우리는 죽는 순간 흐름을 멈춰 동맥 속에서 엉겨붙어버리는 시간의 존재입니다. 우리의 죽음은 시간의 멈춤이지만, 그 멈춤은 일시적입니다. 시간은 영원히 존재할 우리의 일부를 데리고 다시 흐르기 시작합니다.

창조와 소멸은 인간의 상상 속에서만 가능합니다. 일체가 영원히
존재함은 삼각형의 세 각처럼 명확합니다.

흔히들 신은 지적인 존재라고 말합니다. 이는 신을 인간적인 존재라고 말하는 것과 같습니다. 지적이라는 것은 인간의 작은 속성에 불과합니다. 신은 그보다 훨씬 더 크고 완전히 다른 무엇입니다. 우리의 지엽적이고 협소한 치수를 통해 우주를 측정하려 들지 말아야 합니다.

유심론자들의 잘못은, 정신적인 것이 물질적인 것보다 더 이해할 수 없다고 생각한다는 점입니다. 반면 유물론자들의 잘못은, 물질적인 것이 정신적인 것보다 더 간명하고 자연스럽다고 생각하는 것입니다. 우리 안에서 우리를 둘러싸고 벌어지는 일들이 정신적이든 물질적이든 중요하지 않습니다. 그건 단지 언어의 문제일 뿐입니다. 존재의 원인이든 결과든 그로 인해 달라지는 것은 없습니다. 우리의 불안과 열망, 탐구가 모여야 할 곳은 그런 문제가 아닙니다.

정신은 현미경이 끝나는 곳에서 시작하는 무엇이 아닙니다. 그것은 육안으로 보이는 천지 만물 가운데 이미 존재합니다.

화강암이나 수정 조각도 파스칼의 사고만큼이나 정신적인 것입
니다.

기억에는 두 종류가 있습니다. 잠재의식, 본능, 유전적인 종의 기억이 그 하나요, 우리의 지성, 의식, 표면적 삶의 기억이 다른 하나입니다. 그 둘은 완전히 다른 영역이며, 우연하게만 서로 겹칩니다.

우리는 우리 자신에게 뿌리를 둔 잘못들을 두고 너무도 쉽게 운명이라는 이름을 남발하며 그것을 탓합니다. 우리 자신의 욕심과 욕망을 보다 높은 차원의 질서로 둔갑시켜서는 안 됩니다.

우리가 누구인지, 어디서 와서 어디로 가고 있는지가 오늘날처럼 오리무중이었던 시대는 없었습니다. 어쩌면 과학이 발전할수록 우리는 우리 자신에 대해 더 깊은 미지의 늪으로 빠져들고 있는지도 모릅니다. 그런데 신비란 거대하면 거대할수록 그만큼 더 강렬한 열정을 불러일으키는 법이지요. 모든 걸 깨치는 세상이 온다 한들 어떤 절망, 어떤 무력감이 우리를 피해가겠습니까?

아무 희망 없이 끝없는 질문을 늘어놓다 지쳐, 그만 서둘러 답을
내놓고 말 수도 있을 것입니다. 우리가 모르는 무언가에 의문을
갖는 일에 지쳐선 안 됩니다.

물질은 축적된 형태의 에너지입니다. 치솟는 돌멩이에서 인간의 사고까지 에너지가 취하지 못할 형태는 없습니다.

인류를 파국으로 내모는 에너지는 무엇일까요? 인류 자신의 에너지일까요, 아니면 또 다른 어떤 힘일까요? 만약 우리가 그걸 안다면, 우리는 모든 것을 알게 될 테고 더는 무서워할 일도 희망할 일도 없을 것입니다.

우리는 마치 그 존재를 확신하듯 '저세상'을 이야기합니다. 실제로 그것이 새로운 시작이자 더 이상 끝이 없는 어떤 삶의 영역일지라도 지금 당장 우리의 삶과는 무관합니다.

우리가 생각하는 모든 것, 우리가 아는 모든 것, 우리 자신인 모든 것은 우리의 내장 안에서 분해되고 있는 약간의 영양분으로부터 나옵니다.

공간은 우리가 그 안을 돌아다닐 수 있기에 움직임이 없는 것처럼 느껴집니다. 단지 우리의 움직임이 공간을 제한하는 것에 불과한데도 말입니다. 그런가 하면 시간은 그 안에서 우리가 옴짝달싹 못하기에 항상 움직이는 것처럼 느껴집니다.

우리는 왜 영혼이 죽음을 넘어 살아남기를 바랄까요? 꽃의 아름
다움과 향기가 꽃이 지면 사라지고, 촛불의 광채가 촛불과 더불
어 잦아드는 것이 그토록 못마땅하고 이해할 수 없는 일인가요?
그 모두가 같은 질서, 같은 현상이 아닌가요?

죽음이란 존재하지 않는다고 말하면,
누군가는 또 이렇게 이야기할 것입니다.

불행이 없다면 행복도 없을 것이라고.
그림자 없이는 빛도 없을 것이요,
고통 없이는 쾌락도 없을 것이며.
슬픔 없는 기쁨, 불안 없는 평안, 추위 없는 더위는
결코 존재하지 않을 것이라고 말입니다.

정말 그럴까요?
우리의 감각이 경험하는 범위만 벗어나면
그 어떤 실재와도 부응하지 않을,
극히 인간적인 시각은 아닐까요?

죽은 자가 더 이상 보이지 않는 산 자라면, 산 자는 아직 보이지
않는 죽은 자입니다. 중요한 것은 그렇게 비가시적인 상태로 존
재하는 법입니다.

죽은 자들에게선 악취가 납니다. 그것이 우리가 그들에게 제기할 만한 유일한 불만일 것입니다. 그런데 그들의 체취가 좋지 않은 건 살아 있는 자들의 잘못 때문입니다. 새로운 삶의 경지로 들어서는 그들을 어찌하여 활활 타는 불꽃으로 정화해주지 않을까요? 아마 차원의 문턱을 넘으면서 그들은 소리 없이 우리를 탓할 것입니다. 자신들을 비좁은 궤짝에 가둬 우스꽝스러운 돌덩이로 눌러놓았다고 말입니다.

인간에게는 이성보다 더 높은 경지의 능력이 있을지도 모릅니다. 그것은 이성의 불확실함을 낱낱이 드러내 보여줄 수 있을 것입니다. 이성이 감각의 불확실성을 폭로하는 것처럼 말입니다.

한 인간이 늙어가면서 더 나은 인간이 되는 일은 지극히 드뭅니다. 자신이 저질러온 온갖 부정과 불의, 악행과 야비함을 딛고 반성과 심판을 거쳐 스스로 환골탈태하는 험난한 고난의 길을 걷지 않는다면 말입니다.

육체가 명백히 죽은 뒤에도 살아남는 정신이 바로 '나'라고 가정해볼까요. 한순간 허물어지는 벽처럼 나를 에워싼 모든 것이 사라지고 마는 느낌일 것입니다. 살아생전 그토록 내게 멸시당해오면서도 꿋꿋이 버텨준 몸뚱이……. 그 덕분에 내가 존재해왔음을 별안간 깨달을지도 모릅니다. 나로 인해 살아 숨 쉰다고 믿었던 것이 실은 나를 있게 해준 장본인임을 뒤늦게 실감할 수도 있을 것입니다. 아무튼 육신을 잃은 나는 텅 빈 공허 속에 내동댕이쳐진 꼴이겠지요. 세상에서 익숙했던 모든 관계가 오로지 육체를 전제한 것이었기에, 이제는 그 무엇에도 매여 있지 않은 '무관한' 존재로 떠돌게 될 것입니다. 죽은 사람이 다시 살아 돌아오지 못하는 이유가 바로 거기에 있습니다. 우리는 지금 그들이 어떤 상태인지 모르기에 여전히 그들을 사랑할 따름입니다. 하지만 한번 죽어 떠난 존재는 이 세상에 미련이 없습니다.

물론 그 반대일 수도 있습니다. 정신이 육신을 이루는 요체이며, 육신의 불꽃이 곧 정신이라고. 인간은 영혼을 가진 것이 아니라 인간 자체가 바로 영적 존재라고 말입니다. 하지만 그것은 증명하기가 여간 어려운 일이 아닙니다.

자연이 우리로 하여금 "나는 더 이상 모르겠어."라는 말을 실토하
게 만드는 순간, 영혼의 축제가 시작됩니다.

나무의 죽음보다 더 비극적인 사건은 없습니다. 하늘을 찌를 듯 대지를 삼킬 듯 삶의 기운이 무성한 나무가 땅에 묶여 옴짝달싹 못한 채 나무꾼의 도끼질에 쓰러지고 마는 죽음이지요.

전지전능한 신은 벌레를 괴롭히며 노는 어린아이와 같습니다. 만약 전지전능하지 못하다면 신의 권좌에서 내려와야 합니다.

희망은 운명과 다투지 않습니다. 인간이 희망을 갖는다는 것 자체가 운명의 일부이기 때문입니다.

완벽이란,
결함이 없기에 존재하지 않는 상태입니다.

만약 우리가 죽은 지 사나흘 뒤에 다시 살아나 집에 돌아온다고 가정해볼까요. 영원과 무한의 기류에 흠뻑 젖어 저 장벽 너머에 두려울 것이 하나도 없음을 확인한 뒤에, 과연 이 정겹지만 구차한 집구석에서 다시 삶을 시작하고 싶을까요?

바보는 결코 우유부단하지 않습니다. 반면 현자는 종종 우유부단합니다. 너무 많은 문제를 동시에 고려하고 가늠하다 보면 결정을 내리기가 쉽지 않기 때문입니다.

우리가 안다고 믿는 신에 대한 훌륭한 정의 하나 :

만물의 변화를 주관하는 불변의 존재. 불변하는 힘으로 모든 변화를 주도하는 자.

위대한 종교가
진정으로 질문할 줄 아는 자에게
내주는 응답은 단 하나,
무지의 장엄한 고백입니다.

영원을 갈망한다면서 그것이 신에게 귀속되든 무^無로 환원되든 무얼 그리 전전긍긍하나요. 어차피 지금 우리가 아는 방식으로는 그 어느 쪽도 체감할 수 없는 것을.

죽음으로써 더 이상 존재하지 않는다는 건 불가능한 상상입니다.
죽음으로써 다른 방식으로 존재한다는 것이 합리적인 추정일 것
입니다.

안정에 대한 희구는 본질적이고 본능적이며 유전적인 감정입니다. 설혹 우리 존재가 돌멩이 한 알에 불과할지언정, '결정적'으로 그러하기를 바라는 것이 우리의 희망입니다.

시칠리아의 어느 작은 마을로 진입하는 도로 양쪽에는 지난 전쟁에서 희생당한 사람들의 넋을 기리기 위해 플라타너스를 줄지어 심어놓았습니다. 나무등치마다 영웅의 탄생일과 사망일이 새겨진 동판이 부착되어 있습니다. 나무에 기억을 아로새겨 그 생장과 더불어 망자의 영혼을 경애한다는 발상이 참으로 감동적입니다. 대지에 뿌리박고 하늘을 우러르는 나무보다 죽음에 대항해 잘 싸우는 존재는 세상에 없기 때문입니다.

기억에서 지워지는 것은 두 번 죽는 것입니다. 죽음 자체보다 가혹한 죽음입니다. 그것은 죽어서 이름 없는 뼈가 되는 사람의 운명과도 같습니다.

죽은 자의 생명을 연장하고자 하는 일에서는 고대 이집트인들의
노력을 넘어서기 어렵습니다. 그들은 죽은 자의 기억을 오래 간
직할수록 산 자의 지혜가 깊어진다는 걸 잘 알았습니다.

죽음에 대해 말해보십시오. 죽음이 그대에게 뭐라고 말 걸고 어떤 일, 무슨 생각을 하게 만드는지, 그리하여 그대가 죽음을 어떻게 받아들이는지를 이야기해주십시오. 그럼 나는 당신과 10년을 함께 산 사람보다 더 정확하게 당신의 삶이 어떤지 알아맞힐 수 있으니.

에픽테토스는 말했습니다. "인간이란 시신을 끌고 다니는 보잘 것없는 넋에 불과하다." 그러나 넋에 끌려다니는 시신은 아직 시신이 아니며, 시신을 끌고 다니는 넋 또한 더 이상 넋이 아닐 것입니다.

오래 살다 죽는 것과 때 이르게 죽는 것은 같은 죽음입니다. 둘 다 죽음으로써 잃을 것이 '현재' 말고는 없기 때문입니다. 과거는 이미 우리의 소유가 아니며, 미래 또한 아직 우리 것이 아닙니다. 소유하지 않은 것을 잃을 수는 없습니다.

이 세상은 지성의 한계 안에서 일어나는 일만을 '진실'로 받아들이는 사람과 지성의 한계 밖에서 일어나는 일만을 '진실'로 받아들이는 사람으로 이루어져 있습니다. 그 둘의 차이는 엄청납니다.

완전히 소멸하든, 우주로 흩어지든, 영생을 얻어 부활하든, 지금 이 순간 육체를 떠날 준비가 된 영혼은 얼마나 아름다운가.

설익은 열매, 무르익은 열매, 말라비틀어진 열매 모두 새로운 변
화의 결정체들입니다.

물질 속에 기억이 내재되어 있는 것은 아닐까요? 자기력磁氣力이란 생생한 기억의 힘이 아닐까요? 분자가 스스로 형태와 속성을 변화시키는 것은 반복되는 체험의 기억을 축적해서가 아닐까요? 움츠렸다 팽창하는 용수철은 자신에게 압력을 가한 사람의 손을 기억하고 있는 것이 아닐까요?

이미지는 사고를 제한합니다. 그러나 우리는 언어 없이 말을 할 수 없는 것처럼 이미지 없이 사고할 수 없습니다. 우리가 사고라 부르는 것이 결코 무한한 사고가 될 수 없는 이유입니다.

삶의 고독만큼
죽음의 고독이 외롭지는
않을 것입니다

우리가 죽으면 영혼이 우리를 떠난다고 말해서는 안 됩니다. 우리를 떠나는 것은 삶입니다. 같은 말이 아니냐고 할지도 모르지만, 후자가 훨씬 명료하고 진실에 더 가깝습니다. 삶이 몸을 떠나 다른 곳으로 이동하거나, 몸속에서 또 다른 형식을 취하는 것입니다. 아니, 몸이 삶의 형식을 벗어나는 것입니다.

요컨대 우리의 삶은 우리가 아닙니다. 삶은 한순간 우리에게 왔다 가는 것. 삶이 떠나고 나면 우리는 더 이상 우리가 무엇인지 모릅니다.

과학 문명이 기존의 인간적 노동을 거의 모두 대체하는 꿈의 황금시대에 인간은 과연 어떤 존재가 될까요? 그로 인해 남아도는 엄청난 시간을 어떻게 보낼까요? 아마도 기존의 도덕률을 대체할 완전히 새로운 이데아가 출현하지 않는 한, 인간은 적어도 향후 두세 세대 동안 명목도 출구도 없는 광란의 향연에 휩싸이고 말 것입니다. 이에 지칠 때쯤에는 여태껏 보지 못한 질병과 재앙을 맞아, 결국 돌이킬 수 없는 파국을 오히려 질곡에서 해방되는 길로 받아들일지도 모릅니다. 작은 행복을 감내하지 못하는 인간의 숙명은 그렇게 될 수밖에 없을 것입니다.

존재의 어느 순간이 오면
우리에게 남은 안식처가 우리 자신의
사고 말고는 없다는 사실에 눈뜨기 마련입니다.
사람들이 흔히 얘기하듯,
그것은 오만에 대한 징벌이 결코 아닙니다.

이해하려 애쓴다는 것은
오만보다는 겸허의 징표이기 때문입니다.
그것은 끊임없이 이탈하는
진리의 쓰디쓴 보상입니다.

사람이 죽어서 순수한 영靈으로 돌아가든 원자나 전자 같은 극미 립자의 세계로 환원되든, 분명한 것은 우리 곁에 그들이 더 이상 없고 그들 곁에 우리가 더 이상 없다는 사실입니다. 하지만 이는 그들이 존재하지 않게 되었다는 뜻은 아닙니다.

인간에게 주어진 확실하고 침해 불가능한 자유는 단 하나. 스스로 죽음을 희망할 수 있다는 사실입니다.

죽음에 종종 이의를 제기해온 사람의 죽음에 대해 우리는 이렇게 말할 수 있습니다. "그 역시 다른 사람들처럼 죽었네." 맞는 말입니다. 하지만 그는 죽어가면서 자신이 어디로 가는지는 몰라도, 최소한 자신이 어디로 가고 있지 않은지, 그럼에도 불구하고 자신이 무엇을 하고 있는지에 대해서는 똑똑히 알고 있었을 것입니다.

죽음을 곰곰이 생각하다 보면, 어느 순간 예전과는 아주 다른 방식으로 죽음을 바라보는 자신을 발견하기에 이릅니다. 그것은 마치 나의 사유가 내 안에 빚어놓은 어떤 낯선 존재가 죽음을 생각하는 것과 같습니다.

우리가 매우 자랑스러워할 영혼의 깨끗함은 우리 몸의 청결함만큼이나 구체적인 미덕이며, 그렇기에 끊임없이 씻어내야 합니다.

인간은 죽는 방법을 배우는 마음으로
행복하기를 배워야 합니다.

우리가 죽은 자들과 진리를 교류하는 것은, 그들이 산 자들보다 더 분명하게 진리를 파악하고 있음을 우리가 알기 때문입니다. 진리의 관점에서 죽은 자는 여전히 우리 안에 살아 있고, 우리는 죽은 자를 능가하지 못합니다.

삶은 우리가 죽은 자와 만나, 우리 안의 그들을 이해하기 시작하는 순간 완전히 변화합니다. 죽은 자들을 중요하게 생각해야 합니다. 그들 중 어느 누구도 기억에서 지우지 말아야 합니다. 그 또한 우리 삶을 진정으로 풍요롭게 가꾸는 요령입니다.

살아 있는 사람이 진정으로 사는 법을 배울 때, 다시 말해서 자신의 결코 죽을 수 없는 가치 속에 삶을 놓아둘 때, 더 이상 죽는 자는 없을 것입니다.

우리 앞에 살다 간 사람과 우리 다음에 살아갈 사람 모두 우리 자신을 통해 지금 이 순간 살아 있습니다. 각자의 역할은 시간의 좌표에서 차이가 있으나, 인간이라는 존재가 구현하는 거대한 주기 안에서는 모두 하나이고 동시에 살아 숨 쉬고 있습니다.

불멸에 대해 착각하지 말아야 합니다. 우리가 불멸을 이야기할 때, 그것이 불로장생 만병통치의 관습적인 개념이어서는 안 됩니다. 불멸이란 오로지 지금 이 순간 존재한다는 자각입니다.

"지금껏 어떻게 살아왔는가?
이제 무엇을 원하는가?"라고 묻는
장엄한 침묵 앞에서
대답해야 하는 순간이 반드시 올 것입니다.
그때에 대비해 준비해야 합니다.

지은이 모리스 마테를링크 Maurice Polydore-Marie-Bernard Maeterlinck, 1862~1949

벨기에 출신으로 노벨문학상을 수상한 시인이자 극작가, 수필가이다. 동화 같은 희곡 작품 『파랑새』로 잘 알려져 있다. 자연과의 친화 속에서 인간과 삶의 근원적 가치를 깊숙이 탐색했다. 『지혜와 운명』(1898), 『꿀벌의 삶』(1901), 『꽃의 지혜』(1907), 『죽음』(1913), 『운명의 문 앞에서』(1934) 등 명료하면서도 시적인 묘미가 풍부한 산문집을 다수 남겼다.

옮긴이 성귀수

시인이자 번역가. 연세대학교 불문과를 졸업하고, 동 대학원에서 박사학위를 받았다. 1991년 《문학정신》을 통해 시인으로 등단했다. 시집 『정신의 무거운 실험과 무한히 가벼운 실험정신』, '내면 일기' 시리즈 기획 『숭고한 노이로제』를 펴냈다. 『왜냐고 묻지 않는 삶』, 『나를 아프게 하는 것이 나를 강하게 만든다』, 『오페라의 유령』, 『적의 화장법』, 『아르센 뤼팽 전집』(전20권), 『팡토마스 선집』(전5권), 『침묵의 기술』 등 백여 권을 우리말로 옮겼다.

모리스 마테를링크 선집 ❸
운명의 문 앞에서

1판 1쇄 인쇄 2017년 3월 27일
1판 1쇄 발행 2017년 4월 7일

지은이 모리스 마테를링크 **옮긴이** 성귀수
펴낸이 김영곤 **펴낸곳** 아르테

문학사업본부 이사 신우섭 **문학사업본부 본부장** 원미선
책임편집 김지영 박민주 **문학기획팀** 이승희 신주식
문학마케팅팀 정유선 임동렬 김별 **문학영업팀** 권장규 오서영
프로모션팀 김한성 최성환 김주희 김선영 정지은
홍보팀장 이혜연 **제작팀장** 이영민 **제휴마케팅팀장** 류승은

출판등록 2000년 5월 6일 제406-2003-061호
주소 (우 10881) 경기도 파주시 회동길 201(문발동)
대표전화 031-955-2100 **팩스** 031-955-2151

ISBN 978-89-509-6952-3 03100
      978-89-509-6957-8 (세트)

아르테는 (주)북이십일의 문학 브랜드입니다.

(주)북이십일 경계를 허무는 콘텐츠 리더

아르테 채널에서 도서 정보와 다양한 영상자료, 이벤트를 만나세요!
가수 요조, 김관 기자가 진행하는 팟캐스트 [북팟21] 이게 뭐라고'
페이스북 facebook.com/21arte 블로그 arte.kro.kr
인스타그램 instagram.com/21_arte 홈페이지 arte.book21.com